BEI GRIN MACHT SICH IHR WISSEN BEZAHLT

- Wir veröffentlichen Ihre Hausarbeit,
  Bachelor- und Masterarbeit

- Ihr eigenes eBook und Buch -
  weltweit in allen wichtigen Shops

- Verdienen Sie an jedem Verkauf

Jetzt bei www.GRIN.com hochladen und kostenlos publizieren

Machtmissbrauch gegenüber den Sklav:innen in Stellenbosch im 18. Jahrhundert

GRIN ☺

Bibliografische Information der Deutschen Nationalbibliothek:

Die Deutsche Nationalbibliothek verzeichnet diese Publikation in der Deutschen Nationalbibliografie; detaillierte bibliografische Daten sind im Internet über http://dnb.d-nb.de abrufbar.

ISBN: 9783389029299
Dieses Buch ist auch als E-Book erhältlich.

© GRIN Publishing GmbH
Trappentreustraße 1
80339 München

Druck und Bindung: Books on Demand GmbH, Norderstedt Germany
Gedruckt auf säurefreiem Papier aus verantwortungsvollen Quellen

Das Buch bei GRIN: https://www.grin.com/document/1478503

Machtmissbrauch der Sklavenbesitzerinnen
gegenüber den Sklavinnen und Sklaven
im afrikanischen Stellenbosch
in der Zeit von 1700 bis 1795

Inhaltsverzeichnis

1. Einleitung..3

2. Hauptteil...4

   2.1 Verschiedene Formen der Machtausübung..4

   2.2 Analyse der Fallbeispiele 7

      2.2.1 1744 Claas van Bengalen 7

      2.2.2 1749 Reijnier van Madagascar..8

      2.2.3 1763 Christina Strang..10

3. Schluss...13

4. Anhänge 15

   4.1 Quellenverzeichnis 15

   4.2 Literaturverzeichnis 15

1. Einleitung

Die Sklaverei in Südafrika zwischen 1700 und 1795 wurde von einem extremen Machtmissbrauch ausgehend von den Sklavenbesitzern gegenüber den Sklavinnen und Sklaven geprägt. Die Gesetze und Normen der Zeit boten ausreichend Rechtfertigung in der Gesellschaft, um diese Formen von Machtmissbrauch und Bestrafung zu ermöglichen und zu legalisieren. Hinsichtlich der heutigen Resonanz bezüglich des Umgangs von Vorgesetzten mit ihren Mitarbeitern sowie der aktuellen Gender-Debatte ist es von Bedeutung eine Analyse der damaligen Verhaltensweise der weiblichen Sklavenbesitzerinnen vorzunehmen und zu möglichen Gründen für dieses Verhalten zu gelangen.

Zu dem Thema Machtmissbrauch von Sklavenbesitzerinnen in Stellenbosch gibt es nur eine relativ überschaubare Menge an Literatur. Dazu zählt die Quelle „Trials of slavery. Selected documents concerning slaves from the criminal records of the council of justice at the Cape of Good Hope, 1705–1794", die von Worden und Groenewald überarbeitet wurde. Als weitere Quelle ist zu nennen: „A complete and authentic geographical and topographical description of the famous and (all things considered) remarkable African Cape of Good Hope" von Mentzel. Die Forschungsliteratur von Elphick und Giliomee, Datta, Shell und Ross ist ebenfalls einzubeziehen. Diese präzisiert die Thematik der Lebens- und Arbeitsbedingungen der Sklavinnen und Sklaven.

Anhand der vorliegenden Quellen lässt sich folgende Fragestellung entwickeln: Warum kam es im afrikanischen Stellenbosch in der Zeit von 1700 bis 1795 vielfach zu Machtmissbrauch ausgehend von Sklavenbesitzerinnen gegenüber den Sklavinnen und Sklaven? Daraus lässt sich die vorläufige Hypothese entwickeln, dass Sklavenbesitzerinnen aufgrund ihrer damaligen niedrigeren gesellschaftlichen Stellung gegenüber dem Mann mittels ihrer Machtposition versuchten diese Benachteiligung zu kompensieren. Diese Arbeit veranschaulicht die verschiedenen Arten von Machtausübung der Sklavenbesitzer und deren Behandlung von Sklavinnen und Sklaven während des 18. Jahrhunderts. Insbesondere werden die Machtverhältnisse zwischen den weiblichen Sklavenbesitzerinnen und den Sklavinnen und Sklaven analysiert. Aus den folgenden drei Fallbeispielen können Erkenntnisse über die Handlungsweisen der Sklavenbesitzerinnen gewonnen werden.

2. Hauptteil

2.1 Verschiedene Formen der Machtausübung

Eine genauere Betrachtung der unterschiedlichen Formen von Machtausübung durch Sklavenbesitzer gegenüber Sklavinnen und Sklaven über nahezu das gesamte 18. Jahrhundert in Südafrika verdeutlicht die Brutalität, der Sklaven zu der Zeit durch den Machtmissbrauch der Sklavenbesitzer ausgesetzt waren. Die Interaktion zwischen Sklavenbesitzern und Sklaven wurde von drastischen, physischen Bestrafungen der Sklaven bereits aus unbedeutenden Gründen bestimmt, die sich im Vergleich zu ähnlichen Vergehen von Europäern stark unterschied. Beispielsweise wurden weibliche Sklaven anlässlich geringfügiger Delikte zu öffentlichen, qualvollen Todesstrafen verurteilt, während Europäer im Gegensatz dazu bei vergleichbaren Straftaten für einige Wochen in ein sogenanntes „black hole" geschickt wurden, wo sie sich von Brot und Wasser ernähren mussten.[1] Aus Angst vor der Ausübung körperlicher Gewalt durch die Besitzer flohen viele Sklavinnen und Sklaven von ihren Farmen, um ihrer Strafe zu entgehen.[2]

Aufgrund des Sklavenhandels stieg die Produktivität der Wirtschaft, da die männlichen Sklaven auf den Farmen die körperlich schwersten Aufgaben übernehmen mussten und ihre Arbeitskraft durch sehr strenge Behandlung von ihren Besitzern ausgebeutet wurde.[3]

Darüber hinaus wurden weibliche Sklaven oftmals von ihren Besitzern als potentielle Ehefrauen angesehen und sexuell missbraucht, wodurch häufig Eifersucht der Sklavenbesitzerinnen auf die Sklavinnen entstand.[4] Viele Sklavinnen wurden als Ammen und Kindermädchen in den Haushalten benutzt, um die Kinder der Besitzerinnen zu stillen und zu erziehen. Sie wurden sogenannte „foster mothers" und es entwickelte sich ein enges Verhältnis zwischen den Kindern und ihren Nannies.[5] Die Sklavinnen konnten während der Stillzeit folglich nicht erneut schwanger werden, was zu einer Verringerung der Geburtenrate der Sklaven führte, da der Status der Mutter den Sklavenstatus vererbte.[6]

Hinsichtlich der Lebensbedingungen der Sklaven versuchten die Sklavenbesitzer ein Familienleben unter Sklavinnen und Sklaven zu unterbinden, indem sie sie einzeln untereinander verkauften, sodass durch den Transfer bestehende Sklavenfamilien

---

[1] Vgl. Mentzel, Otto: A complete and authentic geographical and topographical description of the famous and (all things considered) remarkable African Cape of Good Hope, S. 133.
[2] Ross, Robert: Cape of torments. Slavery and resistance in South Africa, S. 34.
[3] Vgl. Elphick, Richard/Giliomee, Hermann: The Shaping of South African Society. 1652-1820, S. 368.
[4] Vgl. Mentzel, Otto: A complete and authentic geographical and topographical description of the famous and (all things considered) remarkable African Cape of Good Hope, S. 125.; Shell, Robert: Children of Bondage, S. 397, 316.
[5] Vgl. Shell, Robert: Children of Bondage, S. 304.
[6] Vgl. ebd., S. 293, 304-307.

auseinandergerissen wurden.[7] Zudem wurden die Schlafplätze der männlichen Sklaven in der Regel von denen der weiblichen Sklaven getrennt. Laut Mentzel lebten die Sklaven „wie Tiere" auf engstem Raum zusammen, da sie häufig auf dem Dachboden oder in der Küche schlafen mussten.[8]

Es wird davon ausgegangen, dass die Sklavinnen und Sklaven, die der niederländischen Ostindien-Kompanie angehörten, durchweg schlechter behandelt wurden als Sklaven in Privatbesitz. Sowohl ihr Essen war schlecht, als auch ihre wöchentliche Tabakration wurde oft nicht ausgeteilt.[9] Die Kinder der Sklaven erhielten keinerlei religiöse Unterweisung und wurden auch nicht getauft.[10] Trotz der Verabschiedung des offiziellen Gesetzes der Kirche im Jahr 1708, wonach getaufte Sklaven zu ihrer Freiheit berechtigt waren, wurde dieses Gesetz nicht in jedem Fall eingehalten.[11] Die Regierung agierte als höchste Machtinstanz über der Kirche und handelte im Einvernehmen mit den Sklavenbesitzern, um die soziale Hierarchie in der europäisch-dominierten Gesellschaft zu gewährleisten.[12] Die Sklavinnen und Sklaven hatten im Allgemeinen keine gesetzlichen Rechte, da die Macht und Entscheidungsgewalt für lange Zeit bei den Haushalten lag.[13] Es war ihnen verboten, eigenes Land zu besitzen, Geld zu verdienen oder zu heiraten.[14] Außerdem durften sie keine öffentlichen Tavernen besuchen und mussten sich nachts leise verhalten. Den Sklavinnen und Sklaven war es nicht erlaubt, sich in Gruppen zu treffen oder Schusswaffen mit sich zu führen. Übte ein Sklave Gewalt gegenüber seinem Besitzer aus, wurde er zum Tode verurteilt. Bei falschen Anschuldigungen oder Beleidigungen gegenüber freien Bürgern wurden die Sklaven öffentlich ausgepeitscht.[15]

Um die soziale Ordnung in der Gesellschaft zu bewahren und sich vor einer Verbündung der Sklaven untereinander zu schützen, instruierten die Sklavenbesitzer Machthierarchien unter den Sklaven. In der „Company's Lodge" und auf größeren Farmen wurden ältere männliche Sklaven, die am Kap geboren waren, als „Mandoors" oder Knechte ausgewählt.[16] Die Sklavenbesitzer verliehen ihnen eine besondere Stellung, mit der sie die Handlungen der anderen Sklavinnen und Sklaven kontrollieren und an ihren Plätzen beaufsichtigten durften.

---

[7] Vgl. Datta, Ansu: From Bengal to the Cape. Bengali Slaves in South Africa from 17th to 19th Century, S. 48.
[8] Vgl. Mentzel, Otto: A complete and authentic geographical and topographical description of the famous and (all things considered) remarkable African Cape of Good Hope, S. 125.; Vgl. Datta, Ansu: From Bengal to the Cape. Bengali Slaves in South Africa from 17th to 19th Century, S. 51.
[9] Vgl. Mentzel, Otto: A complete and authentic geographical and topographical description of the famous and (all things considered) remarkable African Cape of Good Hope, S. 129.
[10] Vgl. ebd., S. 130.
[11] Vgl. Elphick, Richard/Giliomee, Hermann: The Shaping of South African Society. 1652-1820, S. 367.
[12] Vgl. ebd., S. 367, 370.
[13] Vgl. Shell, Robert: Children of Bondage, S. 399.
[14] Vgl. ebd.
[15] Vgl. Datta, Ansu: From Bengal to the Cape. Bengali Slaves in South Africa from 17th to 19th Century, S. 47.
[16] Vgl. Ross, Robert: Cape of torments. Slavery and resistance in South Africa, S. 29.

Die „Mandoors" erhielten weitreichende Bevorzugungen gegenüber den anderen Sklavinnen und Sklaven. Sie wurden autorisiert Befehle zu erteilen, Bestrafungen auszuführen und in den Schlafbereichen der weiblichen Sklaven zu nächtigen.[17] Es kam vielfach zu Konflikten zwischen ranghöheren und untergebenen Sklaven, ausgelöst durch Neid auf privilegierte Positionen und Ungerechtigkeiten unter den Sklavinnen und Sklaven.[18] Das Beispiel des Gerichtsfalls von Frans van Madagascar aus dem Jahr 1768, der seinen „Mandoor" infolge eines Racheaktes tötete, hebt die Konsequenzen resultierend aus Gefühlen der Diskriminierung hervor.[19]

Die niederländische Ostindien-Kompanie kategorisierte die Gesellschaft in der Region um Kapstadt in Bezug auf das Gesetz und die praktische Umsetzung in vier Hauptgruppen. An der Spitze der Hierarchie standen die Kompanie Diener. Dann kamen die „Freeburghers", welche Personen bezeichneten, die nicht bei der niederländischen Ostindien-Kompanie angestellt waren und eigenes Land besitzen durften.[20] Daraufhin folgten die Sklaven und am niedrigsten waren die sogenannten „Khoikhoi" positioniert.[21] Beamte der Kolonie und Offiziere des Gerichtshofs diskriminierten das Volk angesichts dieser vier Gruppen in vielen verschiedenen Bereichen im täglichen Leben, zum Beispiel bei der Heirat, bei Steuern und dem Besitzrecht von eigenem Land etc.[22]

Insgesamt lässt sich sagen, dass die Sklavenbesitzer und Sklavenbesitzerinnen ihre Macht durch die höhere Stellung in der Gesellschaft gegenüber den niedriger gestellten Sklavinnen und Sklaven äußerst brutal ausnutzten. In Anbetracht der gegebenen Möglichkeiten und Gesetzmäßigkeiten war es in der Zeit von 1700 bis 1795 in Südafrika allgemein verbreitet, auf diese Weise mit Menschen umzugehen. Daraus ergibt sich die Frage, warum insbesondere die Sklavenbesitzerinnen ihre Macht gegenüber den Sklavinnen und Sklaven missbrauchten und diese so maßlos bestraften, welches im Folgenden anhand von drei Gerichtsfällen aus Stellenbosch in Südafrika untersucht werden soll.

---

[17] Vgl. Worden, Nigel/Groenewald, Gerald: Trials of slavery. Selected documents concerning slaves from the criminal records of the council of justice at the Cape of Good Hope, 1705–1794, S. 426.
[18] Vgl. Ross, Robert: Cape of torments. Slavery and resistance in South Africa, S. 31.
[19] Vgl. ebd.
[20] Vgl. ebd.; Vgl. Elphick, Richard/Giliomee, Hermann: The Shaping of South African Society. 1652-1820, S. 391.
[21] Vgl. ebd., S. 364.; vgl. ebd., S. 4: Die Bezeichnung „Khoikhoi" stellt ein Synonym von „Hottentot" dar. Die Begriffe bezeichnen einen Teil der Population der Kapkolonie, die das Vieh und die Schafe hüteten.
[22] Vgl. ebd., S. 365.

2.2 Analyse der Fallbeispiele

2.2.1 1744 Claas van Bengalen

Bezüglich der Fragestellung, warum es im afrikanischen Stellenbosch in der Zeit von 1700 bis 1795 vielfach zu Machtmissbrauch der Sklavenbesitzerinnen gegenüber den Sklavinnen und Sklaven kam, lässt sich der Gerichtsfall des Sklaven Claas van Bengalen aus dem Jahr 1744 untersuchen.[23] Dieser verdeutlicht die Komplexität der Spannungen zwischen Sklaven, sogenannten „free blacks" und der Sklavenbesitzerin, die auf einer Farm der Region „Wagenmakersvallei" in der Nähe von Stellenbosch eng zusammen lebten. Die Sklaven Claas van Bengalen und Augustus van Malabar arbeiteten beide auf dieser Farm und stritten sich ständig um eine weibliche Sklavin, sodass die Frau des Besitzers, Anna Marais, aus dem Haus genötigt wurde, um den Streit zu schlichten. Sie bezeichnete Claas als „pretty monkey", wodurch sich dieser diskriminiert fühlte und zu Augustus äußerte, dass er „mit ihr schlafen könnte wenn er wollte".[24] Während die Sklavenbesitzerin mit einem „free black" in der Küche aß, verriet ihr Augustus die Aussage von Claas. Daraufhin begann diese zu weinen, vermutlich als Schockreaktion und einem Gefühl der Erniedrigung vor dem „free black", der Zeuge der Situation war.[25] Die Frau des Sklavenbesitzers holte ihren Onkel zur Hilfe und erzählte ihrem Ehemann von dem Vorfall, sodass Claas van Bengalen zu ihm nach Stellenbosch gebracht wurde, wo dieser ihn hinrichten ließ.[26] Dieser Gerichtsfall hebt verschiedene, ineinander übergreifende Konfliktlinien hervor. Ein Aspekt stellt die Zerstrittenheit der Sklaven untereinander und die extreme Loyalität der Sklavinnen und Sklaven gegenüber ihren Besitzern dar. Des Weiteren werden die drastischen Folgen für einen Sklaven herausgestellt, die ausschließlich auf einer verbalen Äußerung gegenüber seiner Besitzerin basieren. Dies zeigt die paranoide Überreaktion der „weißen" Sklavenbesitzer sowie die beständige Angst vor einem Sklavenaufstand. Hinsichtlich der Gender-Thematik lässt sich feststellen, dass die Konsequenzen diskriminierender Aussagen über Frauen der Sklavenbesitzer signifikant härter ausfielen, da die Gesellschaft von einer sexuellen Gefahr ausgehend von „schwarzen" Männern gegenüber „weißen" Frauen überzeugt war. Darüber hinaus kann man argumentieren, dass insbesondere weibliche Sklavenbesitzerinnen ihre Macht über Sklavinnen und Sklaven missbrauchten, um ihren niedrigeren sozialen Rang in der Gesellschaft im Vergleich zu Männern auszugleichen. Das Ansehen der Frau in der

---

[23] Vgl. Worden, Nigel/Groenewald, Gerald: Trials of slavery. Selected documents concerning slaves from the criminal records of the council of justice at the Cape of Good Hope, 1705–1794, S. 232-240.
[24] Vgl. ebd., S. 237.
[25] Vgl. ebd., S. 238.
[26] Vgl. ebd., S. 240.

7

Gesellschaft in Südafrika während des 18. Jahrhunderts wurde durch ständige sexuelle Übergriffe von Männern beeinträchtigt.[27] Dennoch kennzeichnete der Status als Frau eines Sklavenbesitzers im Gegensatz zu einer weiblichen Sklavin einen immens großen Unterschied in Anbetracht der sozialen Hierarchie in Stellenbosch.[28] Die Sklavenbesitzerinnen nutzten ihre gesellschaftliche Position aus, um sich selbst zu ermächtigen und folglich die verbreitete soziale Ordnung basierend auf rassistischen Hintergründen zu unterstützen, indem sie die Sklavinnen und Sklaven diskriminierten und ausbeuteten.[29] Die Einstellung von weiblichen Sklavenbesitzerinnen gegenüber den Sklavinnen in ihrem Haushalt variierte in dieser Zeit, wobei man grundsätzlich von einer negativen Haltung der Sklavenbesitzerinnen sowie fehlendem Mitgefühl für ihre Hausmädchen ausgehen kann.[30] Sie sanktionierten ihre weiblichen Sklavinnen jedoch körperlich gleichermaßen wie die männlichen Sklaven.[31]

In diesem Fallbeispiel bricht die Sklavenbesitzerin Anna Marais in Tränen aus, da sie die Situation vermutlich beschämt, dass ein untergestellter Sklave ihren Körper begehren könnte und dass dies vor einem freien Mann zur Sprache kommt.[32] Daraufhin lässt sie den Sklaven Claas van Bengalen zum Tode verurteilen, um möglicherweise ihr Gefühl der Demütigung in Form von Rache zu kompensieren. Diese für sie beschämende Situation stellt den Anlass für ihr extremes Handeln und den Machtmissbrauch gegenüber dem Sklaven dar. Es lässt sich besonders hervorheben, dass lediglich eine verbale Aussage über das sexuelle Begehren für eine weiße Sklavenbesitzerin dazu führte, dass der Sklave die Todesstrafe erlitt. Erschwerend kommt hinzu, dass die Besitzerin die Information über den Sklaven nur aus zweiter Hand erhielt, wohingegen auf der Seite der Sklavenbesitzer der ständige physische Machtmissbrauch zu keinen entsprechenden Konsequenzen führte.

2.2.2 1749 Reijnier van Madagascar

Der Gerichtsfall des Sklaven Reijnier van Madagascar aus dem Jahr 1749 lässt sich ebenfalls bezüglich einer Misshandlung der Sklavinnen und Sklaven durch eine Sklavenbesitzerin in Stellenbosch analysieren.[33] Dieser Sklave hatte mit seiner Ehefrau Manika van Bengalen eine Tochter namens Sabina, die von der Frau des Sklavenbesitzers täglich aus unklaren Gründen

---

[27] Vgl. Shell, Robert: Children of Bondage, S. 398.
[28] Vgl. ebd.
[29] Vgl. ebd., S. 327, 73.
[30] Vgl. ebd., S. 324, 327.
[31] Vgl. ebd., S.326.
[32] Vgl. Worden, Nigel/Groenewald, Gerald: Trials of slavery. Selected documents concerning slaves from the criminal records of the council of justice at the Cape of Good Hope, 1705–1794, S. 238.
[33] Vgl. Worden, Nigel/Groenewald, Gerald: Trials of slavery. Selected documents concerning slaves from the criminal records of the council of justice at the Cape of Good Hope, 1705–1794, S. 263-269.

mit einer Waffe namens „sjambok" malträtiert wurde.[34] Die Sklavenbesitzerin weigerte sich trotz der Bitten des Reijnier van Madagascar seine Tochter zu verkaufen und bestrafte sie stattdessen aufgrund der Behauptung, dass sie statt Tee Wein getrunken haben soll.[35] Sabina wurde von der Sklavenbesitzerin ausgezogen und in ein sogenanntes „poolsche bok" gespannt, wo sie völlig wehrlos von ihr ausgepeitscht wurde.[36] Anschließend wollte die Sklavin fliehen, aber ihr Vater Reijnier van Madagascar griff sie auf und riet ihr es nicht zu tun, sondern bei ihrem Besitzer um Vergebung zu bitten.[37] Reijnier van Madagascar war ein loyaler Sklave, doch die anderen Sklaven der Farm verhöhnten ihn, da er nicht imstande war seine eigene Tochter zu beschützen.[38] Anlässlich der andauernden Provokationen attackierte er seinen Besitzer mit einem Messer und floh aus Angst vor der Strafe in die Berge der Region „Franschoek".[39] Nach zwanzig Jahren wurde er gefangen genommen und zu lebenslänglicher harter Arbeit auf „Robben Island" verurteilt, als seine Besitzer und seine Tochter bereits gestorben waren.[40] Diese Strafe fiel allerdings deutlich milder aus als die Todesstrafe, die in der Regel bei Gewalt ausgehend von Sklaven gegenüber ihren Besitzern verhängt wurde.[41] Seine Frau Manika van Bengalen war die einzige der Familie, die noch lebte, jedoch wusste sie in all den Jahren nicht, was mit Reijnier van Madagascar passiert war und ob er überhaupt noch lebte.[42]

Dieser Fall verdeutlicht einen Einblick in die emotional gespannten Verhältnisse der Familien von Sklaven auf einer abgelegenen Farm in Stellenbosch sowie die besondere Demütigung der Sklaven, indem auch ihre Kinder geschändet wurden. Des Weiteren demonstriert der Fall, dass weibliche Sklavinnen instrumentalisiert wurden, um männliche Sklaven in ihrer Männlichkeit zu entwürdigen. Der Sklave Reijnier van Madagascar hatte keine Möglichkeit seine eigene Tochter zu schützen. Die Sklavenbesitzerin misshandelte die Sklavin vermutlich, um die Kontrolle über die Sklavenfamilie zu erhalten und benutzte die Tochter als Zwangsmittel für die geforderte Arbeitstätigkeit des Vaters. Die Sklavinnen und Sklaven in Stellenbosch dieser Zeit hatten kaum eine Möglichkeit eine Familie zu gründen und wenn dies trotz aller Erschwernisse gelang, wurden die Familienmitglieder einer Sklavenfamilie von den Sklavenbesitzern oftmals gegeneinander ausgespielt, um die Macht über die

---

[34] Vgl. ebd.
[35] Vgl. ebd., S. 267.
[36] Vgl. ebd.
[37] Vgl. ebd.
[38] Vgl. ebd., S. 263.
[39] Vgl. ebd.
[40] Vgl. ebd.
[41] Vgl. ebd.
[42] Vgl. ebd.

Sklavinnen und Sklaven aufrechtzuerhalten.[43] Beispielsweise wurde ein Familienmitglied einer Sklavenfamilie besonders brutal bestraft, um durch Abschreckung die anderen Sklaven zu größerer Leistung zu nötigen. In diesem Fall lässt sich ferner vermuten, dass die Sklavenbesitzerin die Sklavin aufgrund von Eifersucht auf deren Schönheit misshandelte.[44] Dem Anschein nach verliebte sich der Ehemann der Sklavenbesitzerin aufgrund ihrer besonderen Attraktivität in die Sklavin Sabina und seine Frau misshandelte die Sklavin möglicherweise auch aus diesem Grund besonders hart.[45]

In diesem Fall kann man den Machtmissbrauch der Sklavenbesitzerin gegenüber der Sklaventochter aufgrund der allgemeinen Kontrolle über die Sklaven und der besonderen Erniedrigung der Sklaven durch Instrumentalisierung ihrer Familienmitglieder deuten. Zudem lässt sich eine Erklärung für das Verhalten der Sklavenbesitzerin in ihrer Eifersucht auf die Sklavin finden, da der Besitzer die Sklavin vermutlich sehr begehrenswert empfand. Dieser Gerichtsfall verdeutlicht die emotionalen Spannungen zwischen den Sklavenbesitzern und den Sklavinnen und Sklaven, die als Familie zusammen auf einer Farm lebten und nicht nur physisch, sondern auch psychisch von ihren Besitzern missbraucht wurden.

2.2.3 1763 Christina Strang

Ein weiteres Beispiel für einen Missbrauch einer Sklavenbesitzerin gegenüber einem Sklaven veranschaulicht der Gerichtsfall der Sklavenbesitzerin Christina Strang aus dem Jahr 1763.[46] Dieser handelt von Beschwerden der Arbeiter einer Farm in der Nähe von Stellenbosch über ihre Besitzerin Christina Strang, die einen Sklaven getötet haben soll.[47] Den Anlass für die Straftat stellte die in den Augen der Sklavenbesitzerin nicht ausreichende Arbeitsleistung des Sklaven Augustus dar.[48] Daraufhin schlug sie ihn laut Angaben des Zeugen Januarij van Ceijlon mit einem sogenannten „kirrij" am gesamten Körper, außer auf seinen Kopf, sodass unter anderem seine Hände extrem anschwollen und er seiner Aufgabe Steine zu tragen nicht mehr nachgehen konnte.[49] Infolgedessen wurde er erneut von ihr nun auch auf den Kopf geschlagen und blutete so stark aus seinem Kopf, dass er auf den Boden fiel und dort liegen

---

[43] Vgl. Datta, Ansu: From Bengal to the Cape. Bengali Slaves in South Africa from 17th to 19th Century, S. 50.; vgl. Ross, Robert: Cape of torments. Slavery and resistance in South Africa, S. 29-30.
[44] Vgl. Datta, Ansu: From Bengal to the Cape. Bengali Slaves in South Africa from 17th to 19th Century, S. 50.
[45] Vgl. ebd.
[46] Vgl. Worden, Nigel/Groenewald, Gerald: Trials of slavery. Selected documents concerning slaves from the criminal records of the council of justice at the Cape of Good Hope, 1705–1794, S. 394-408.
[47] Vgl. ebd., S. 394.
[48] Vgl. ebd., S. 402.
[49] Vgl. ebd.

blieb.[50] Die Besitzerin warf ihm vor, er würde seine Arbeit aus Sturheit verweigern, ließ seine Hände zusammenbinden und man setzte ihn mit dem Rücken vor spitze Steine, was ihm sehr starke Schmerzen verursachte.[51] Nach ein bis zwei Stunden ordnete die Besitzerin den Sklaven Januarij van Ceijlon an, Augustus Fesseln zu lösen und trotz seiner Arbeitsunfähigkeit wurde er nicht erneut von ihr geschlagen.[52] Januarij fand Augustus um Mitternacht neben dem Feuerplatz tot auf, woraufhin die Sklavenbesitzerin am nächsten Morgen den Befehl gab ihn zu begraben.[53] Ein paar Tage später erzählte Januarij dem Schwiegersohn des Sklavenbesitzers, dass er sich über den Vorfall beschweren wollte, woraufhin dieser ihn bei Christina Strang verrat.[54] Er wurde als Strafe an die Vorderräder eines Wagens gespannt, sodass sein Körper über den Boden schliff.[55] Der Besitzer drohte ihm ihn so lange weiter zu schlagen, bis er auf seine Beschwerde verzichtete.[56] Zwei Jahre später begleitete Januarij seinen Besitzer Jacobus Kruger nach Kapstadt, wo er die Möglichkeit ergriff Anklage gegen Christina Strang einzureichen und aufzuklären, was mit Augustus passiert war.[57] Zudem wurde die Aussage des etwa 10-jährigen „Hottentots" Jantje aufgenommen, der die beschriebenen Tatvorgänge bestätigte.[58] Die Sklavenbesitzerin wurde vor das Justizministerium geladen, allerdings leugnete sie die Straftat und argumentierte stattdessen für eine eher unwahrscheinliche Version dessen, was passiert war.[59] Sie betonte die schlechten Gewohnheiten und Verhaltensweisen des Sklaven Augustus und warf ihm Ahnungslosigkeit und Unfähigkeit betreffend seiner Arbeit vor.[60] Der entscheidende Unterschied ihrer Aussage lag in dem Vorwurf gegenüber dem Sklaven Januarij, dass dieser an dem Tod von Augustus Schuld sei.[61] In ihrer Beschreibung der Tatsachen bestrafte Januarij Augustus für sein Verhalten und schlug ihn zu Tode. Zudem bezeugte sie, der „Hottentot" Jantje hätte ihr die Nachricht überbracht, dass der Sklave Augustus gestorben sei, während Januarij noch schlief.[62] Es lagen zwei Aussagen gegen eine vor, sodass das Ministerium anordnete, Christina Strang mit einer Geldstrafe von 50 Rixdollar zu belegen. Der Sklave

---

[50] Vgl. ebd.
[51] Vgl. ebd.
[52] Vgl. ebd.
[53] Vgl. ebd.
[54] Vgl. ebd., S. 403.
[55] Vgl. ebd.
[56] Vgl. ebd.
[57] Vgl. ebd., S. 394.
[58] Vgl. ebd., S. 404-405., vgl. Fußnote 21.
[59] Vgl. ebd., S. 394.
[60] Vgl. ebd. S, 406.
[61] Vgl. ebd., S. 407.
[62] Vgl. ebd., vgl. Fußnote 21.

Januarij van Ceijlon, der die Beschwerde eingereicht hatte, wurde mit der Bedingung nie wieder in die Nähe ihres Besitzes und ihrer Kinder zu kommen verkauft.[63] Dieser Fall zeigt durch die geringen Konsequenzen für die Sklavenbesitzerin aufgrund der Ermordung eines Sklaven und die Einschüchterung der Sklaven, die Tatzeugen waren und aus Angst für einige Jahre über die Taten der Sklavenbesitzer schwiegen, dass die Besitzer einer Farm nahezu ungestraft handeln konnten.[64] Während die Sklavinnen und Sklaven aufgrund von kleinen Delikten gefoltert oder öffentlich hingerichtet wurden, führten gravierende Straftaten wie das Töten von Sklaven zu keinen vergleichbaren Konsequenzen für die Sklavenbesitzer. Die Besitzerin Christina Strang wurde anlässlich der Ermordung nur zu einer geringen Geldstrafe verurteilt. Darüber hinaus wurde der Sklave Januarij trotz seiner rechtmäßigen Position in Anbetracht des Gerichtsfalls bestraft, indem er verkauft wurde und nicht mehr in die Nähe der Sklavenbesitzerin und ihrer Familie kommen durfte. Ein möglicher Grund für das Handeln der Sklavenbesitzerin beruht auf Hinweisen, dass der getötete Sklave Schwierigkeiten hatte sich hinsichtlich der Ausführung seiner Arbeit anzupassen und Verständnisprobleme mit der Sprache hatte, sodass er von den anderen Sklaven der Farm und der Besitzerin verachtet wurde.[65] Die Differenzen zwischen dem Sklaven Augustus und der Besitzerin Christina Strang werden ebenfalls in ihrer Aussage vor Gericht deutlich, in der sie ihn als „als unfähig und als nicht in der Lage ein Wort portugiesisch zu sprechen" bezeichnete.[66] Außerdem bemängelte die Sklavenbesitzerin die Tatsache, dass Augustus ein aus Europa neu angekommener Sklave war sowie seine Unwissenheit und Ignoranz bezüglich konformer Verhaltensweisen.[67] Das unangepasste Verhalten des Sklaven Augustus, resultierend aus seiner Unerfahrenheit mit dem Leben als Sklave auf einer Farm, welches der Sklavenbesitzerin missfiel, stellt vermutlich den Hauptgrund für ihr Handeln dar. Des Weiteren nutzte die Besitzerin ihre Machtposition auf der Farm, um den Sklaven zu demonstrieren, dass sie durch die Abwesenheit ihres Ehemannes die agierende Autoritätsperson repräsentierte. Dazu lässt sich hinzufügen, dass dieser Fall die große Angst der Sklavinnen und Sklaven vor einer Strafe sowie die schlechten Arbeits- und Lebensbedingungen auf einer Farm in der Nähe von Stellenbosch hervorhebt, da alle erwachsenen „Khoi's" von der Farm flohen, als die Anklage zu den Autoritäten gebracht wurde.[68]

---

[63] Vgl. ebd., S. 394.
[64] Vgl. ebd.
[65] Vgl. ebd., S. 394.
[66] Vgl. ebd., S. 406.
[67] Vgl. ebd., S. 405-406.
[68] Vgl. ebd., S. 394., vgl. Fußnote 21.

12

Dieser Gerichtsfall veranschaulicht den Ausnahmefall, dass eine Sklavenbesitzerin von Sklaven angeklagt und verurteilt wurde. Die Situation wurde aus drei verschiedenen Perspektiven beurteilt, wobei die Sklaven letztlich Recht bekamen. In diesem Fall missbrauchte die Sklavenbesitzerin ebenfalls ihre Macht, da sie einen Sklaven, der sich nicht gemäß ihrer Vorschriften verhielt, tötete und damit ihre Macht vor den übrigen Sklavinnen und Sklaven der Farm grausam demonstrierte. Ferner benutzte auch ihr Mann seine Macht, indem er dem Sklaven bei körperlicher Gewalt drohte, den Fall nicht vor das Gericht zu bringen und zu schweigen. Insgesamt illustriert der Fall die milden Konsequenzen für Sklavenbesitzer und Sklavenbesitzerinnen bezüglich schwerster Straftaten sowie den Machtmissbrauch einer Sklavenbesitzerin aufgrund von Zuwiderhandlungen eines Sklaven.

3. Schluss

Insgesamt lässt sich feststellen, dass die Sklavenbesitzer und Sklavenbesitzerinnen ihre Autorität über die Sklavinnen und Sklaven ausnutzten, indem sie verschiedene Formen von Machtausübung anwendeten. Der Gebrauch physischer und psychischer Gewalt war allgemein verbreitet, welcher sich unter anderem in Form von sexuellem Missbrauch der Sklavinnen äußerte. Des Weiteren nahmen die Sklavenbesitzer erheblichen Einfluss auf die Lebensbedingungen der Sklavinnen und Sklaven, sodass diese durch diverse Verbote in ihrer grundlegenden Lebensweise stark eingeschränkt wurden. Darüber hinaus wurde das Volk in Stellenbosch in verschiedene Kategorien eingeteilt, um eine soziale Hierarchie in der Gesellschaft zu determinieren.

Hinsichtlich möglicher Gründe für die Misshandlung der Sklavinnen und Sklaven insbesondere durch weibliche Besitzerinnen wurden drei Gerichtsfälle der Quelle „Trials of slavery. Selected documents concerning slaves from the criminal records of the council of justice at the Cape of Good Hope, 1705–1794" analysiert. In dem ersten Fallbeispiel aus dem Jahr 1744 wurde der Sklave Claas van Bengalen zum Tode verurteilt, da er sexuelles Begehren über die Besitzerin äußerte. Diese fühlte sich dadurch vermutlich erniedrigt und handelte aus Rache.

In dem zweiten Gerichtsfall des Reijnier van Madagascar aus dem Jahr 1749 liegt ein Machtmissbrauch der Sklavenbesitzerin gegenüber der Sklaventochter vor. Die Sklavenfamilie wurde mittels ihrer Tochter gedemütigt und zu ihrer Arbeit gezwungen. Außerdem kann man das Handeln der Besitzerin aufgrund von Eifersucht auf die Sklavin deuten, da ihr Ehemann die Sklavin offenbar begehrenswert empfand.

In dem dritten Fallbeispiel wurde die Sklavenbesitzerin Christina Strang angeklagt, da sie einen Sklaven ihrer Farm tötete. Sie demonstrierte ihre Machtposition über die Sklavinnen und Sklaven, indem sie den Sklaven Augustus aufgrund seines nicht rechtmäßigen Verhaltens ermordete. Des Weiteren hebt dieser Fall die ungerechte Verteilung von Strafen bezüglich der Stellung als Sklavenbesitzer gegenüber der Position eines Sklaven hervor.

Zusammenfassend lässt sich sagen, dass es im afrikanischen Stellenbosch in der Zeit von 1700 bis 1795 aus verschiedenen Gründen vielfach zu Machtmissbrauch ausgehend von Sklavenbesitzerinnen gegenüber den Sklavinnen und Sklaven kam. Die Sklavenbesitzerinnen handelten oftmals aus Rache auf die Sklavinnen und Sklaven, die oft belanglose Fehler begingen und dafür hoch bestraft wurden. Zudem spielte Eifersucht der Sklavenbesitzerinnen auf die weiblichen Sklavinnen eine Rolle in der Bestrafung und dem Machtmissbrauch der Besitzerinnen. Darüber hinaus wurden die Frauen einer Sklavenfamilie häufig instrumentalisiert, um die anderen Familienmitglieder zu erniedrigen. Die Gesellschaft um Stellenbosch zwischen 1700 und 1795 assoziierte mit „schwarzen" Männern eine sexuelle Gefahr gegenüber „weißen" Frauen, sodass eine einfache verbale Äußerung eines Sklaven über sexuelles Verlangen nach einer Sklavenbesitzerin zu seiner Hinrichtung führte.

Die aufgestellte Hypothese, dass Frauen durch ihre niedrigere Stellung in der damaligen Gesellschaft mittels ihrer Machtposition als Sklavenbesitzerin versuchten, diese Benachteiligung auszugleichen, lässt sich größtenteils verifizieren. Die Stellung der Frau in der Zeit von 1700 bis 1795 stellt eine kontroverse Thematik dar, da sie für die Feldarbeit oftmals zu schwach waren und ihre Körper häufig von Männern missbraucht wurden, sodass sie von der Gesellschaft als das unterstellte Geschlecht betrachtet wurden. Im Hinblick auf weiterführende Fragen ließe sich eine genauere Untersuchung der Rolle der Frau der damaligen Zeit in Südafrika sowie das Konstrukt Gender vornehmen, welches im Rahmen dieser Arbeit zu weit gefasst wäre.

4. Anhänge

4.1 Quellenverzeichnis

Mentzel, Otto: A complete and authentic geographical and topographical description of the famous and (all things considered) remarkable African Cape of Good Hope, hg. von Christian Friedrich Günther, Bd. 1, Glogau 1785.

Worden, Nigel/Groenewald, Gerald: Trials of slavery. Selected documents concerning slaves from the criminal records of the council of justice at the Cape of Good Hope, 1705–1794, hg. von Van Riebeeck Society, Bd. 2, Cape Town 2005.

4.2 Literaturverzeichnis

Elphick, Richard/Giliomee, Hermann: The shaping of South African society. 1652-1820, Cape Town 1979.

Datta, Ansu: From Bengal to the Cape. Bengali slaves in South Africa from 17th to 19th century, United States 2013.

Shell, Robert: Children of Bondage. A social history of the slave society at the Cape of Good Hope. 1652-1838, United States 1997.

Ross, Robert: Cape of torments. Slavery and resistance in South Africa, London 1983.

BEI GRIN MACHT SICH IHR WISSEN BEZAHLT

- Wir veröffentlichen Ihre Hausarbeit, Bachelor- und Masterarbeit

- Ihr eigenes eBook und Buch - weltweit in allen wichtigen Shops

- Verdienen Sie an jedem Verkauf

Jetzt bei www.GRIN.com hochladen und kostenlos publizieren